viel FREUDE und SEGEN
beim LESEN der TEXTE!

wünscht ...
Petra

Petra Halfmann

WIR KÖNNEN UNSER GLÜCK KAUM FASSEN

Petra Halfmann

Wir können *unser Glück* kaum fassen

Glaubens-Poetry

Über die Autorin:

Petra Halfmann studierte Musik und evangelische Theologie für Lehramt. Sie unterrichtet angehende ErzieherInnen und internationale GrundschullehrerInnen am Berufskolleg Bleibergquelle in Velbert. Seit vielen Jahren ist sie als leidenschaftliche Liedermacherin und Wortpoetin unterwegs und begeistert ihr Publikum mit ehrlichen und mutmachenden Texten. Sie ist verheiratet und Mutter von zwei erwachsenen Kindern.

🌐 www.petra-halfmann.de
📷 petrahalfmann
ⓕ Petra Halfmann
▶ Orientierungslust

Bibliografische Information der Deutschen Nationalbibliothek
Die Deutsche Nationalbibliothek verzeichnet diese Publikation in der Deutschen Nationalbibliografie; detaillierte bibliografische Daten sind im Internet über https://dnb.de abrufbar.

ISBN 978-3-96362-384-4
35037 Marburg an der Lahn
Handlettering im Innenteil: Petra Halfmann
Grafiken im Innenteil: © shutterstock.com / S. 15, S. 23 Simple Line;
S. 55 StockLeb; S. 84, S. 87 Line addict; S. 112, S. 117 Essl;
S. 123 vionaembun42
Umschlaggestaltung: Francke-Buch GmbH / Marion Schramm
Satz: Francke-Buch GmbH
Printed in Poland

www.francke-buch.de

Inhaltsverzeichnis

Zwischen

Zwischen Heimweh und Fernweh,
zwischen Festland und Übersee,
zwischen fremd und vertraut,
zwischen versteckt und durchschaut,
zwischen freiwillig und gezwungen,
zwischen erfolgreich und misslungen.

Wir alle sind unterwegs auf unserer Reise,
und in irgendeiner Weise
befinden wir uns irgendwo dazwischen.
Und die Karten mischen sich immer wieder neu.

Zwischen Enttäuschung und Erwartung,
zwischen Vorbild und Entartung,
zwischen Narr und Genie,
zwischen ständig und nie,
zwischen Ruhe und Getöse,
zwischen Gut und Böse
oder jenseits davon.

Wir alle sind unterwegs auf unserer Reise,
und in irgendeiner Weise
befinden wir uns irgendwo dazwischen.
Und die Karten mischen sich immer wieder neu.

Zwischen Stress und Langeweile,
zwischen Trägheit und Eile,
zwischen Aufbruch und Einbruch
und Zerbruch und Neuanfang.
Zwischen Stillstand und Tatendrang,
zwischen Aufgeben und Weitermachen,
zwischen Weinen und Lachen,
zwischen kalt und heiß,
zwischen schwarz und weiß,
irgendwo in der Grauzone
zweifelsohne –
irgendwo dazwischen.
Und wir alle mischen mit
und spielen das Spiel des Lebens
und hoffen, dass wir nicht vergebens
unser Spiel spielen.
Zielstrebig,
denn das Leben ist viel zu schnelllebig.
Und eben weil so viel dazwischenkommen kann,
sollten wir zwischendurch darauf achten,
wer das Mischen unserer Karten übernimmt
und unseren Alltag mitbestimmt.

Optionen

Ich habe tausend und eine Millionen Optionen.
Ich kann alles tun oder alles lassen.
Ich will nichts verpassen.
Dabei sein ist alles,
und ein pralles Programm
ist besser als Däumchen zu drehen
und nur zuzusehen.
Ich will sichergehen
und die vielen, vielen Chancen nicht verspielen.
Ich will keine auslassen,
ich will nichts verpassen,
aber es passt nicht immer alles zusammen.
Und irgendwann gibt es Schrammen.
Es kommt zu Kollisionen
zwischen zu vielen Aktionen.

Denn ich habe tausend und eine Millionen Optionen.
Nicht nur schwarz oder weiß,
kein Einheitspreis.
Das Leben ist kunterbunt.
Und der Ball ist rund.
Hauptsache, ich bleib am Ball.
Ich bin überall
und komme nirgendwo an.
Ich merke, ich kann
nicht an allen Punkten gleichzeitig sein.
Ich habe die Qual der Wahl,
alles ist multioptional.
Und egal, welchen Weg ich gehe,
ich drehe mich immer wieder um
und frag mich warum
und ob ich mir wirklich sicher bin.
Will ich mich weiterhin
auf diesen Weg konzentrieren?
Oder sollte ich die Richtung korrigieren?
Ich kann es nicht leiden,
mich entscheiden zu müssen
zwischen tausend und einer Millionen Optionen.
Kein Entweder-oder im Sinne von eingeschränkt.
Hauptsache, ich werde nicht ferngelenkt,
nicht fremdgesteuert, energieerneuert.
Meine Antriebsfeder,
das weiß doch jeder,

liegt in mir selbst, in meiner Hand.
Und doch: Ich merke, wie rasant
sich der Uhrzeiger dreht,
wie die Zeit schnell vergeht,
ohne auf mich zu warten.
Ich möchte durchstarten,
doch mir fehlt das Ziel.
Ich will viel zu viel,
mehr, als in Wirklichkeit geht.
Ich sitz mit meinen Gefühlen
ständig zwischen zwei Stühlen,
gehöre nirgendwo hin,
und ich suche den Sinn.
Ich habe so viele Ideen, so viele Visionen.
Mehr als tausend und eine Millionen Optionen.

Mehrgleisig fahren

Wir fahren **mehrgleisig**.
Wir halten uns gerne
mehrere Türen offen,
und wir hoffen,
dass wir viel erreichen.
Wir wollen die Weichen
nicht zu früh stellen
und keine vorschnellen
Entscheidungen treffen,
die wir später bereuen.
Wir wollen nicht nur
eine bestimmte Schiene fahren.
Wir wollen nicht nur
auf einer einzigen Spur
unterwegs sein,
und schon gar nicht
neben der Spur sein.

Wir fahren **mehrgleisig**.
Nach dem Motto:
Man weiß ja nie!
Irgendwie
wollen wir uns keinesfalls
nur auf eine Möglichkeit festlegen.

Wir wollen abwägen
und deswegen
sind wir hier und dort zugegen.
Wir wollen expandieren
und uns in alle Richtungen bewegen.

Wir fahren **mehrgleisig**.
Das Leben ist so bunt
und facettenreich
und bietet zugleich
unendlich viele Möglichkeiten.
Wir denken schon beizeiten
mehrdimensional,
sind multilingual,
und aufgrund unserer Fähigkeit
zum Multitasking
entwickeln wir uns zu kompetenten
Multitalenten.

Und als Verfechter der **Mehrgleisigkeit**
bauen wir **mehrgeschossige** Häuser
mit **Mehrzweckräumen**,
und wir träumen
von einer flexiblen **Mehrfachbeschäftigung**,
und zur Kräftigung
gönnen wir uns **Mehrgängemenüs**
und erleben **mehrfach** Déjà-vus.

Wir lesen **mehrbändige** Bücher
mit **mehrdeutigen** Geschichten,
und anstatt schlichter Klamotten
tragen wir **mehrfarbige** Tücher
und Wendejacken.
Wir tragen gerne 3-D-Brillen
und sehen gerne **mehrteilige** Serien,
und wir machen **mehrfach** jährlich Ferien.
Natürlich haben
wir **Mehrfachausgaben**.
Aber der **Mehrwert** ist es wert.
Für unseren **mehrgleisigen** Lebensstil
zahlen wir viel.
Aber das ist uns nicht zu teuer.
Und wir zahlen sogar
mehr oder weniger freiwillig
die Mehrwertsteuer.

Wir fahren mehrgleisig.
Aber wäre weniger nicht manchmal mehr?
Und wie weit
bringt uns unsere **Mehrgleisigkeit?**
Wäre es nicht besser,
konsequent
in eine bestimmte Richtung zu reisen,
anstatt zwischen den Gleisen
hin und her zu switchen?

Wäre es nicht besser,
ein lohnendes Ziel anzustreben,
anstatt die ganze Zeit
so sehr in der **Mehrgleisigkeit**
zu leben,
dass wir vor lauter Flexibilität
versäumen,
einzusteigen
und auf einem Gleis
in eine bestimmte Richtung zu fahren
und an einem Ziel
anzukommen?

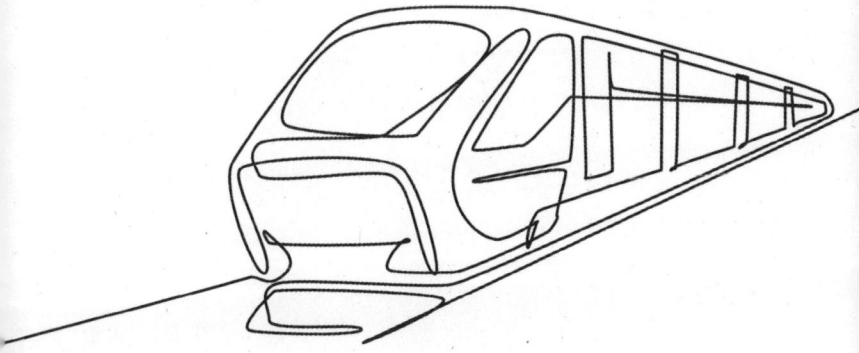

ein Reisender ist ein
MENSCH,
der sein
LEBEN
in vollen
ZÜGEN
genießt.

Spruch im Bahnhof von Bestwig

In vollen Zügen

Das Leben in vollen Zügen genießen –
eigentlich hatte ich mir das anders vorgestellt!
Aber auf keinen Fall so!
Und ich bin wirklich froh,
wenn diese Fahrt vorbei ist.
Die Drängelei ist
gar nicht mal das Hauptproblem.
Unangenehm
ist die stickige Luft,
eine Mischung von Schweiß und Deo-Duft,
Kaffee, Leberwurst, Banane.
Irgendwie bahne
ich mir einen Weg
durch das Gedränge.
Enge Gänge.
Jede Menge
Menschen sind unterwegs,
gehen sich gegenseitig auf den Keks.

Das Leben genießen, in vollen Zügen –
das ist kein Vergnügen!
Der Zug fährt zu langsam,
hält viel zu oft an.

Und leider kann
ich die Landschaft nicht sehen.
Ich reise im Stehen
ziemlich beengt.
Meine Sicht ist beschränkt.

Das Leben genießen, in vollen Zügen –
eigentlich will ich mich nicht begnügen
mit dem, was so üblich ist,
und doch oft betrüblich ist.
Ich will Klasse, nicht Masse!
Ich möchte mehr als Mittelmäßigkeit.
Doch was bin ich bereit
zu investieren?
Und wovon lasse ich mich inspirieren?

Das Leben genießen, in vollen Zügen –
im übervollen Zug träume ich
von einer Reise, die sich wirklich lohnt,
nicht ins Ungewisse, nicht hinter den Mond,
keine Endstation im Nirgendwo.
Ich will irgendwo ankommen,
wo es sich anzukommen lohnt.
Doch irgendwie bin ich es schon gewohnt,
dauernd im Reisemodus zu sein.
Mitreisende steigen aus und ein.
Ob sie alle wissen, wo sie hinwollen?

Oft überrollen mich die tagtäglichen Dinge.
Ich schwinge mich auf
und ich bringe mich ein,
ich zwinge mich oft
und ich ringe allein,
ziehe den schweren Koffer hinter mir her
und ich wünsch mir so sehr,
ich wär' endlich am Ziel.

Das Leben genießen, in vollen Zügen –
das Leben ist mehr als eine Fahrt
im übervollen Zug.
Es geht nicht nur um den Start.
Und es ist sicher klug,
das Ziel wirklich zu kennen,
weil der Weg nicht das Ziel ist,
und das Leben kein Spiel ist.
Es geht um viel mehr.
Mein Koffer ist schwer,
doch mein Herz bleibt leer,
solange ich ziellos bin
und ich nicht weiß, wohin.
Worauf habe ich gesetzt?
Reise ich nur
oder leb ich schon jetzt?
Und was bleibt zuletzt?

Wer bin ich?

Wenn meine Einfälle
die reinsten Reinfälle sind,
wenn ich es nicht schaffe,
mit meinem Bemühen
Begeisterung zu versprühen.
Wenn meine Ideen kommen und gehen
wie der Wind,
ohne dass sie verwirklicht sind.
Wie halt ich nachhaltig
einen wichtigen Gedanken fest,
ohne dass er mich
im nächsten Moment verlässt?
Wie gestalt' ich und entfalt' ich
eine gute Idee
so, dass sie morgen nicht Schnee
von gestern ist?

Wer bin ich?
Was macht mich aus?
Wo bin ich zu Haus?

Was kann ich tun,
wenn ich mich auf der Schiene
der Routine festfahre,

aber die Restjahre
auf jeden Fall anders verbringen will?
Und wenn alle Türen zufällig zufallen
und zu allen
Zimmern der Zugang
viel zu lang versperrt ist,
wenn der Blick in die Zukunft verzerrt ist,
wenn für den größten Traum
kaum Raum bleibt,
weil er scheinbar
unvereinbar ist mit all den Pflichten?
Wenn die dichten Zeitfenster
keine Lücken lassen,
und die Träume nicht in mein Leben passen.

Wer bin ich?
Was macht mich aus?
Wo bin ich zu Haus?

Wenn all meine Erlebnisse
Ergebnisse
von engen Zusammenhängen sind,
auf die ich selbst keinen Einfluss habe,
wenn die Inhaltsangabe
des Romans nicht stimmt
und ich dauernd fremdbestimmt lebe
und mich irgendwohin begebe,

wo ich eigentlich nicht hingehöre.
Zu viele Regisseure,
die mich in irgendwelche tollen Rollen
pressen wollen,
die eigentlich nicht zu mir passen
und mir kaum Luft lassen,
selbst zu leben.

Wer bin ich?
Was macht mich aus?
Wo bin ich zu Haus?

Wenn ich trotz Navigationsgerät
meinen Bestimmungsort nicht finden kann,
wenn ich durchs Leben renne,
meine Identität nicht kenne,
und mich dann irgendwann
kaum noch überwinden kann,
die weite Reise fortzusetzen,
wenn ich mich auf allen Plätzen
der Welt fremd fühle,
die ungepolsterten Stühle,
die kühle
Atmosphäre
auf der Fähre
von hier nach dort.
Gibt es einen Ort,

wo ich mich festmachen kann,
mir ein Nest machen kann,
wo ich nicht abgeschoben,
sondern gut aufgehoben bin?
Oder reise ich vergebens?
Wo gehöre ich hin
und was ist der Sinn
des Lebens?

Wie finde ich mitten im Nebel
den richtigen Hebel,
um etwas zu bewegen?
Gibt es jemanden,
der mir zur Seite steht,
der mit mir geht,
der sich unbedingt
bedingungslos mit mir verlinkt
und mich nach Hause bringt?

Wer bin ich?
Was macht mich aus?
Wo bin ich zu Haus?

Runterfahren

Ich verstehe nicht viel von Technik.
Und einen Computerkurs habe ich nie absolviert,
aber ich weiß: Wenn irgendetwas nicht funktioniert,
könnte es helfen, den Computer einfach runterzufahren.
So manche Probleme lösen sich dann
ganz von selbst,
sagt zumindest mein Mann.
Einfach runterfahren,
wenn der Computer stockt.
Neu starten, wieder neu eingeloggt.
Und schon läuft alles wieder richtig.
Doch wäre es nicht auch ganz wichtig,
mit unserem Leben so umzugehen?
Könnte es sein, dass wir übersehen,
dass wir keine Maschine sind,
die immer, immer funktioniert,
die ständig läuft und nie blockiert?
Zu viele Programme haben wir am Laufen,
ohne zu verschnaufen,
werden sie oft gleichzeitig aufgerufen,
ohne Zwischenstufen,
ohne Pause, selbst zu Hause
geht alles weiter. Immer breiter
macht sich der Stress in unserem Leben.

Wir geben alles,
ein pralles Programm,
von extern programmiert.
Engagiert
reißen wir uns zusammen.
Wir wollen es reißen
und wir verschleißen
unsere Kapazität,
bis unser Leben ins Stocken gerät
und am Ende gar nichts mehr geht.
Und wenn dann jemand sagt:
»Stopp! Fahr mal runter«,
denken wir mitunter:
»Der hat gut reden«
und jeden
gut gemeinten Rat
setzen wir in der Tat
nicht um.
Zu dumm.
Es könnte so hilfreich sein,
einfach mal runterzufahren,
kurz innezuhalten und zu warten
und dann mit neuer Kraft zu starten.

Don't worry – be happy

DON'T WORRY – BE HAPPY
das sagt sich so leicht,
und das singt sich so leicht.
Aber irgendwie umschleicht
dich immer wieder die Angst.
Du bangst
um morgen,
du machst dir Sorgen
um so viele Dinge,
und die Schlinge
fühlt sich immer enger an.
Und je länger man
mit ihr lebt,
desto mehr klebt
sie fest.
Nicht wie ein Haftstreifen,
der sich einfach wieder abstreifen lässt,
sondern wie ein Mehrkomponentenkleber,
bombenfest und permanent.
Die Angst – es ist, als kennt
sie nur zu gut deine Schwachstellen.
Wie große Hunde, die dich nachts wachbellen,

wie penetrante Krachquellen,
die sich nicht abstellen lassen.

DON'T WORRY – BE HAPPY
das sagt sich so leicht,
und das singt sich so leicht.
Und trotzdem reicht
es nicht aus,
sich das einfach nur zu sagen,
wenn zu viele offene Fragen
dich beinahe erschlagen.
Und der Versuch,
dir mit einem aufmunternden Spruch,
wie »Kopf hoch!«
oder »Wird schon!«,
Mut zu machen,
prallt an dir ab,
denn die Sorgen sind da,
halten dich auf Trab.

DON'T WORRY – BE HAPPY
das sagt sich so leicht,
und das singt sich so leicht.
Und trotzdem gleicht
dein Leben einem Schiff auf offenem Meer,
das im Sturm hin und her
getrieben wird.

DON'T WORRY – BE HAPPY

das sagt sich so leicht,
und das singt sich so leicht.
Doch die Sorgen sind da.
Ständig,
unbändig
begleiten sie dich.
Obwohl – eigentlich
müssten sie nicht immer sein.
Sie schüchtern dich ein.
Aber wie oft sorgst du dich unnötigerweise,
wie sich später herausstellt,
wenn am Ende der Reise
der dunkle Horizont sich aufhellt,
und dir auffällt,
dass die großen Hunde
und die gewaltigen Wellen
viel harmloser sind,
als du anfänglich dachtest,
dass du aus Mücken Elefanten machtest
und deshalb schlaflose Nächte verbrachtest,
dass du vom Worst Case ausgegangen bist,
aber die Wirklichkeit längst nicht so dramatisch ist.
Was eigentlich problematisch ist,
sind all die Sorgen,
die für noch mehr Sorgen sorgen
und die du eigentlich wie Müll

ent-sorgen musst.
Ist dir das bewusst?

DON'T WORRY – BE HAPPY
Weil es jemanden gibt,
der dich liebt,
der für dich sorgt,
musst du dich nicht
von lauter Sorgen
um morgen
bestimmen lassen.

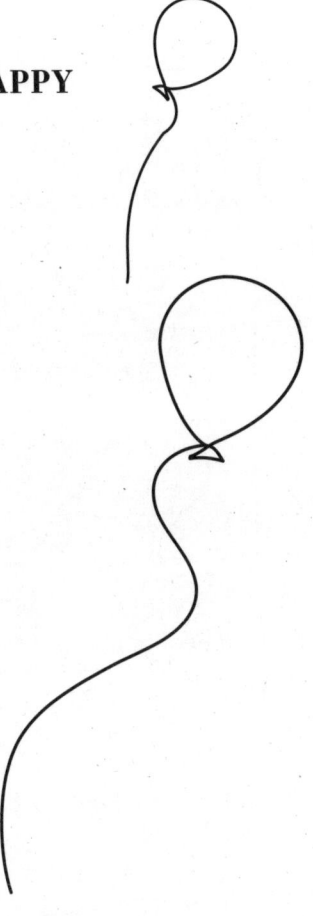

ALLE eure SORGEN werft auf IHN, denn ER sorgt für euch.

1. Petr. 5 : 7

Schwere-los

Schwere-los
oder auch Mikrogravitation,
die Definition:
ein Zustand, in dem die Gewichtskraft
auf einen Körper nicht mehr spürbar ist …
Mikrogravitation –
Wir denken an Bilder von einer Raumstation,
ein Astronaut schwebt frei umher,
die **Schwer-kraft** ist aufgehoben,
ganz weit oben,
400 km über unserer Erdoberfläche.
Das, wovon ich spreche,
erleben manche von uns **viel-leicht** im Traum:
Ein grenzenloser Raum,
in dem wir abheben
und frei schweben,
ins Unendliche fallen,
ohne aufzuprallen.

Aber wir leben hier auf der Erde
und die Erdanziehungskraft
schafft uns sehr.
Das Leben ist schwer,
unsere Akkus sind leer.
Anstatt leicht-gläubig
sind wir oft **schwer von Begriff**,
und anstatt leicht-füßig
sind wir **schwer-fällig,**
wie ein sinkendes Schiff.
Wir haben **schwere Koffer** zu tragen
und selbst leichte Kost liegt uns **schwer im Magen**.
Ja, vieles ist **schwer verdaulich**,
vieles ist **schwer verständlich**
und letztendlich
treffen wir immer wieder
folgenschwere Entscheidungen
und machen uns das Leben selbst **schwer**.

Wir leben hier auf der Erde
und die Erdanziehungskraft
zieht uns mitunter so tief runter,
dass wir befürchten unterzugehen.
Sorgenschwere Gedanken,
tonnenschwere Schranken –
das Leben fühlt sich **schwer** an.
Und wer kann

von sich aus seine eigene **Schwer-mut**
gut in den Griff kriegen
und ganz und gar besiegen,
so als könnten wir unsere **Schwer-mut**
wie altes Leergut entsorgen?

Wie werden wir bloß all das **Schwere los?**
Schwere-los zu leben,
ist das, wonach wir streben.
Wir wünschen uns Flügel,
wollen Hürden und Hügel überwinden.
Aber wir leben hier auf der Erde
und die Erdanziehungskraft
schafft uns sehr,
wir fühlen uns **schwer wie Blei**,
und anstatt frei zu schweben,
kleben wir am Boden fest,
für den Rest unseres Lebens,
sind gestresst, und vergebens
versuchen wir uns aufzuschwingen
und den Dingen, die uns beschweren,
den Rücken zu kehren
und uns gegen die
eigene **Schwer-kraft** zu wehren.

Ja, wir leben hier auf der Erde
und die Erdanziehungskraft

erscheint uns rätselhaft.
Dinge fallen herunter und bleiben liegen,
aber wenn wir fallen,
lassen wir uns nicht unterkriegen.
Wir können wieder aufstehen,
wir können zum Himmel aufsehen,
noch viel, viel weiter als 400 Kilometer.

Viel-**leicht** fühlt sich dann
das Leben **viel**-**leichter** an,
wenn wir uns an den wenden,
der uns **er**-**leichtern** kann,
von Dingen, die wir unnötigerweise
auf der Reise mit uns schleppen.
Er hilft uns beim Tragen
und er will uns sagen:
»Kommt her zu mir,
die ihr mühselig und beladen seid.
Ich will euch erquicken!«

Er will unsere Seelen aufheitern,
unseren Horizont erweitern.
Aus heiterem Himmel
überschüttet er uns mit Segen,
wie ein lang erhoffter Regen.

Schwerelos oder ein **schweres Los?**
Manches bleibt uns nicht erspart.
Manches trifft uns richtig hart,
aber seine Gegenwart
tut uns gut
und macht uns Mut.
Er gibt uns mitten in unserem Frust
Froh-Mut, Leicht-Sinn, Lebens-Lust,
Unbekümmertheit,
Schwere-losigkeit.

Viel-leicht
Viel-leichter
Viel-Leichtigkeit

35

Alles beginnt in meinem Kopf

Alles beginnt in meinem Kopf.
Da ist zunächst ein Gedanke,
der mir nicht mehr aus dem Kopf geht,
der manchmal sogar Kopf steht
oder meine Welt
so sehr auf den Kopf stellt,
dass ich die Hände über dem Kopf zusammenschlage
und mich frage,
wie sich die Stimmungslage
wieder ändern kann.

Alles beginnt in meinem Kopf.
Ich habe mir etwas in den Kopf gesetzt,
wollte mit dem Kopf durch die Wand,
habe dabei andere verletzt
und zu spät erkannt,
wie sehr ich Unglücksrabe
andere vor den Kopf gestoßen habe.
Und jetzt versuche ich,
dem Ganzen zu entfliehen
und meinen Kopf aus der Schlinge zu ziehen.

Alles beginnt in meinem Kopf.
Manchmal weiß ich wirklich nicht,
wo mir der Kopf steht,
wenn sich alles in meinem Kopf dreht,
wenn ich mir den Kopf beinahe zerbreche,
wenn nichts an der Oberfläche bleibt,
wenn mich ein Chaos von Gedanken treibt,
und ich versuche,
den Kopf nicht hängen zu lassen
und neuen Mut zu fassen.

Alles beginnt in meinem Kopf.
Manchmal tobt in meinem Kopf ein Krieg,
und manchmal krieg ich Kopfweh,
wenn ich zu lang auf dem Kopf steh.
Und wenn der Krieg nicht verstummt,
mir der Schädel brummt,
wie soll ich dann
einen kühlen Kopf bewahren,
wenn ich keinen klaren
Gedanken denken kann
und das Wirrwarr im Kopf nicht lenken kann?

Alles beginnt in meinem Kopf.
Wie finde ich den Knopf
zum Abschalten,
wenn meine Gedanken

mich auf Trab halten
und mich abhalten
von dem, was wichtig ist,
von dem, was richtig ist?
Meine Gedanken spielen verrückt,
von tiefbeglückt bis angstbedrückt,
eine ganze Palette von Gefühlen,
die mich aufwühlen.

Alles beginnt in meinem Kopf.
Und all die Gedanken
beeinflussen mein Leben.
Doch ich will nicht kopfschüttelnd danebenstehen.
Mein Leben soll nicht danebengehen,
aufgrund von Gedanken,
die mich in eine bestimmte Richtung drängen,
aufgrund von Zwängen
und Zusammenhängen,
die mein Leben so sehr beengen,
dass mir die Decke auf den Kopf fällt.

Alles beginnt in meinem Kopf.
Herr, sei du mein erster Gedanke am Morgen,
und bevor die Sorgen mich lähmen
und mich gefangen nehmen,
der letzte Gedanke vor dem Schlafengehen.

Alles beginnt in meinem Kopf.
Herr, zeige mir den Knopf
zum Abschalten,
wenn Gedanken und Grübeleien
mich nachts wachhalten.
Herr, Du kannst mir neue Gedanken schenken,
die mein Leben in eine gute Richtung lenken.
Ich will mich auf dich fokussieren,
an dir orientieren,
mit dir kommunizieren.
Ich will meinen Kopf nicht verlieren
und nicht kopflos agieren.

Mehr als alles andere achte auf deine GEDANKEN, denn sie bestimmen über dein LEBEN.

Spr. 4:23

Vergleichen

Sich mit anderen vergleichen?
Was erreichen wir damit,
wenn wir nach links und rechts schielen
und mit unseren Gefühlen spielen?
Wir denken negativ
oder werden depressiv,
finden das Leben ungerecht
und fühlen uns schlecht.

Warum machen wir das?
Es macht doch keinen Spaß.
Es tut uns überhaupt nicht gut.
Nach der Ebbe kommt die Flut
in Form von Unzufriedenheit,
von Neid und Streit
und von Bitterkeit.

Niemand brachte uns das bei.
Die ewige Vergleicherei
fängt schon bei Kindern an.
Was man dagegen unternehmen kann?
Scheinbar nichts.
Und angesichts
der Ungerechtigkeit,

die wir dauernd empfinden,
können wir erblinden
für das Schöne im Leben,
das uns gegeben worden ist.

Doch wir vergleichen weiter,
fallen von der Leiter,
kommen nie oben an.
Und wir denken: Das kann
doch nicht sein,
dass das Glück immer nur
mit den anderen ist.
Und der Neid nagt und frisst
uns Löcher in die Seelen,
und wir quälen
uns durch ständiges Vergleichen.
Und erreichen nichts Gutes.
Aber: Jeder tut es.

Warum vergleichen wir?
Und was erreichen wir?
Es tut uns überhaupt nicht gut.
Nach der Ebbe kommt die Flut
und die Wut
über die Ungerechtigkeit
und das Selbstmitleid.

Doch interessanterweise
ist die Einflugschneise
unserer Gedankenreise
immer in einer Richtung:
Wir schielen immer nur zu denen,
die das haben, wonach wir uns sehnen,
aber wir schauen nie zu jenen,
die vielleicht weniger haben als wir,
aber die ohne Neid und Gier
ganz zufrieden sind,
die es zu leben verstehen,
die vieles positiv sehen.
All das Schöne im Leben,
das ihnen gegeben
worden ist.

Dankbar

Sie ist ein dankbarer Mensch,
ein glücklicher Mensch
und zudem so angenehm.
Es ist eine Freude,
Zeit mit ihr zu verbringen.
Ihre Worte klingen
so zufrieden.
Selbst die stupiden
Dinge, die für andere
selbstverständlich sind,
stimmen sie dankbar.
Selbst wenn sie krank war,
man hörte sie selten klagen,
und Verzagen
ist für sie ein Fremdwort.
Selbst wenn's hier klemmt,
dort ist ein Ort,
von dem sie gerne spricht,
ein Ort voller Licht,
der sie immer hoffen lässt,
selbst wenn das Leben
Fragen offenlässt.
Und sie ist so dankbar dafür,

und ich spür,
das sind keine leeren Floskeln,
nein, sie meint das wirklich so,
und sie ist froh, so froh.
Sie kann sich freuen wie ein Kind,
über die vielen Dinge,
die nicht selbstverständlich sind.

Diese Frau ist keineswegs naiv,
in ihrem Leben liefen Dinge schief,
so manches Tief
hat sie durchlebt
und ihr Leben hebt
sich nicht ab
von denen, die zweifeln und fragen.
Doch sie weiß sich getragen
und deshalb kann sie sagen,
dass sie für viele Dinge dankbar ist.
Und sie freut sich, sie freut sich sehr.
Zwar macht sie keine Freudentänze mehr –
mit ihrem Rheuma fällt es ihr sehr schwer,
sich zu bewegen.
Doch was für ein Segen:
Wenn sie spricht,
sprudelt die Freude aus ihr heraus,
und im Gesicht
sieht sie so glücklich aus.

Und je mehr ich von dieser Frau erfahre
über schöne und schwierige Jahre,
bin ich beeindruckt,
dass sie so positiv denkt,
denn das Leben hat sie oft
sehr angestrengt.

Doch sie vermag
bis zum heutigen Tag
immer wieder nur zu sagen:
Gott ist so gut
und er tut Wunder.
Ja, ich wunder'
mich sehr über diese Frau,
und ich weiß genau,
viele würden anders reagieren,
würden längst kapitulieren,
wenn sie das erlebt hätten,
was dieser Frau widerfuhr.
Doch sie hat immer wieder nur
Gott Danke gesagt.
Sie hat sich selten beklagt
und selten beschwert.
Das ist beachtenswert
und das Geheimrezept zugleich:
Dankbare Menschen sind unendlich reich!

Da-für

Ich kann nichts **DA-FÜR**.
Das habe ich nicht gewollt.
Aber das Leben hat mich überrollt.
Ich kann nichts **DA-FÜR**.
Es war anders geplant.
Ich habe nicht geahnt,
was passieren würde.
DA-BEI würde ich so viel **DA-FÜR** geben,
dass die Umstände anders wären
und sich Dinge klären ließen.
DA-BEI würde ich so viel **DA-FÜR** geben,
dass mein Leben
anders verlaufen wäre.
Und während ich erkläre:
»Ich kann nichts **DA-FÜR**.
Es ist, wie es ist,
und ich bin, wie ich bin,
stecke in meiner Haut.
Und mit meinem Knock-out
habe ich Chancen verbaut,
und ich kann nichts **DA-GEGEN** machen«,
vertausendfachen
sich tiefe Zweifel in mir.
Ich versuche **DA-GEGEN** anzukämpfen.
Aber sie lassen sich kaum dämpfen.

Irgendwann
fühlt es sich so an,
als wäre die ganze Welt **GEGEN** mich,
und ich frage mich,
WO-FÜR es sich überhaupt zu kämpfen lohnt,
wenn keine Hoffnung in mir wohnt,
und das Schicksal mich vor nichts verschont.

DA-BEI vergesse ich:
Jesus, du bist **DA** – **FÜR** mich.
Ja, das vergesse ich so oft,
wenn mich unverhofft
das Leben überrollt
und ich ungewollt falle
und denke, dass alle
Welt gegen mich ist.
Und obwohl ich ohne Frage
selbst Verantwortung trage
für das, was ich getan habe,
bist du **DA** – **FÜR** mich.
DA-FÜR hast du dich
stark gemacht,
dass nichts bleiben muss, wie es ist.
Jesus, du bist **DA** – **FÜR** mich.
Mein **FÜR-SPRECHER**,
der nicht nur ein gutes Wort
FÜR MICH einlegt.

Unentwegt,
mit aller Kraft
und mit Leidenschaft
kämpfst du **DA-FÜR**,
dass die verschlossene Tür
sich wieder öffnet.
Jesus, **DA-FÜR** hast du alles gegeben,
dein eigenes Leben
hast du nicht nur aufs Spiel gesetzt.
Du hast dein Leben gegeben,
DA-MIT ich leben kann,
nicht erst irgendwann
im Jenseits,
sondern bereits
hier.
DA-FÜR bin ich dir
unendlich dankbar.

Jesus, Du bist **DA** – **FÜR** mich.
Du bist **DA** – **VON** Anfang an.
DA-RAUF kann
ich mich verlassen.
Und auch wenn Dinge **DA-NEBEN-GEHEN**
bist du **DA**, als würdest du **NEBEN** mir stehen.
DA-MIT darf ich immer rechnen:
Du bist **DA** – **FÜR** mich.
Danke **DA-FÜR**.

DU BIST ein Gott, der mich sieht.

1. Mose 16 : 13

Ein Gott, der mich sieht

DU BIST EIN GOTT, DER MICH SIEHT.
Ja, genau mich,
obwohl ich eigentlich
zwischen den knapp 8 Milliarden Personen,
die auf diesem Planeten wohnen,
nicht besonders auffalle.
So wie alle
bewege ich mich von A nach B und dann nach C,
und schließlich wieder nach A oder B zurück,
jeden Tag ein kleines Stück,
ein kleiner Punkt in der großen Menschenmasse.

DU BIST EIN GOTT, DER MICH SIEHT.
Ja, genau mich,
obwohl ich mich eigentlich
gern verstecke
und schnell erschrecke,
wenn man mir einen Schritt zu nahe tritt.
Ich halte lieber Distanz
und manchmal verschanz'
ich mich sogar,
mache mich unsichtbar.

Ich will nicht jedem alles zeigen,
und deshalb hülle ich mich in Schweigen.

DU BIST EIN GOTT, DER MICH SIEHT.
Das sagte Hagar,
eine Frau im Alten Testament,
die vielleicht nicht jeder kennt.
Eine Frau, die menschlich nur
wenig Beachtung erfuhr,
die sich wie eine Schachfigur fühlte,
fremdbestimmt, bloßgestellt,
die vor ihrer Beziehungschaoswelt
davonrannte – und dann erkannte,
dass sie in Gottes Augen wichtig war,
und auch wenn ihr Problem sehr vielschichtig war,
dass Gott sie niemals hängen lässt.
Erstaunt stellte sie fest:
DU BIST EIN GOTT, DER MICH SIEHT.

Und du siehst auch mich,
nicht im Sinne von:
»Big Brother is watching me«.
Die Strategie der Beobachterrolle,
die volle Kontrolle
über jedes Missgeschick,
der strafende Blick –
all das liegt dir fern.

Du willst mich nicht kontrollieren,
mir nicht nachspionieren.
Du bist kein krasser Aufpasser.
Du bist Mitverfasser
meiner Biografie.
Voller Empathie
und mit großem Interesse
siehst du mich an.
Ja, ich kann mir sicher sein,
ich bin nicht allein,
weil du mich behutsam auffängst
und dich dabei nicht aufdrängst.
Es ist gut zu wissen:
Da ist jemand, der auf mich Acht hat,
der über alles Macht hat,
und der ohne den leisesten Hauch
von Machtmissbrauch
in bester Absicht
Licht in mein Leben bringt.
Der mich beschwingt,
der mir Freiheit gibt,
der mich unendlich liebt.

DU BIST EIN GOTT, DER MICH SIEHT.
Du siehst nicht nur, was vor Augen ist,
nicht nur das Offensichtliche,
du siehst auch das Zeitgeschichtliche,

du siehst alle Zusammenhänge
in voller Länge,
das Davor und Dahinter,
das Drüber und Drunter,
und mitunter
das Versteckte, das Unentdeckte,
meine Herzenslust
und meinen Schmerz und Frust.
Bewusst siehst du hin.
Manchmal bin
ich mir selbst nicht im Klaren,
wer ich eigentlich bin,
aber du, Gott, siehst hin.
Du kennst mich
und du nennst mich dein Kind.
Ich bin blind.
Aber du bist ein Gott, der mich sieht.
Du weißt, was geschieht.

DU BIST EIN GOTT, DER MICH SIEHT.
Aus der Ferne – und aus nächster Nähe.
Während ich selbst mit Sehhilfe schlecht sehe
und vieles nur begrenzt verstehe,
siehst du mich unmittelbar,
klar und deutlich.
Das freut mich.
Ich werde gesehen,

ich werde verstanden,
du nimmst mich wirklich wahr,
unmittelbar.
Die ganze Komplexität
entgeht dir nicht.
Du bist dicht an mir dran,
von Anfang an.
Du schenkst mir einen neuen Blickwinkel.
Du teilst nicht
meine kleine Teilansicht.
Dein Licht durchbricht
meinen Tunnelblick.
Jeden Augenblick
willst du mir auf Augenhöhe begegnen
und mich segnen.

Gott, du siehst mich,
und du ziehst mich zu dir.
Das ist tröstlich.
Der Nebel löst sich vor mir.
Deine Sichtweise
ist wie eine Lichtreise.
Sie erhellt meine Lebenswelt
und besonnt meinen Horizont.
Das macht einen deutlichen Unterschied:
DU BIST EIN GOTT, DER MICH SIEHT.

Schrittzähler

Gott zählt alle meine Schritte,
macht nicht nur Stippvisite
ab und zu,
wenn ich ihn darum bitte.
Nein, Gott zählt alle meine Schritte.
Jeden noch so kleinen Schritt.
Kein Beobachtungssatellit,
mit dem man ein Programm
wählen kann,
das die Schritte zählen kann.
Gott ist so nah dran,
dass er alle Schritte sieht,
dass er weiß, was geschieht.
Keine machtvolle Kontrolle.
Nein, seine Rolle
ist der liebevolle
Begleiter,
der mich immer weiter
bringt.

Gott zählt alle meine Schritte,
selbst meine Fehltritte
kriegt er mit,
wenn ich am Limit bin
und nicht weiß wohin,
wenn mein Orientierungssinn
mich fehlleitet,
wenn mein Fuß abgleitet,
wenn ich ausrutsche,
vielleicht die Retourkutsche
meiner Leichtsinnigkeit.
Doch Gott hilft mir,
wieder aufzustehen
und weiterzugehen.

Gott zählt alle meine Schritte,
step by step,
und braucht dazu keine Schrittzähler-App.
Und für ihn ist es kein Handicap,
wenn die Technik mal nicht funktioniert.
Gott interessiert
sich für mich.
Er sorgt sich.
Er fiebert mit,
jeden einzelnen Schritt.
Er stärkt mir den Rücken.
Er baut für mich Brücken,

wenn Wege enden.
Er trägt mich auf Händen.
Er geht mit mir mit,
jeden einzelnen Schritt,
über Täler und Hügel.
Er verleiht mir Flügel,
schenkt die nötige Kraft,
dauerhaft,
ununterbrochen,
er hat versprochen,
stets bei mir zu sein.
Kein Stolperstein
bringt mich zu Fall.
Gott ist überall.

Ja, Gott zählt alle meine Schritte,
macht nicht nur Stippvisite
ab und zu,
wenn ich ihn darum bitte.
Er zählt alle meine Schritte.

gott
SIEHT DOCH,
WAS ICH TUE
UND WAS NICHT.
ER *zählt*
ALLE MEINE
Schritte.

Hiob 31:4

Unfassbar glücklich?

Wir können unser Glück kaum fassen,
denn wir lassen
es oft nicht nah genug an uns heran.
Wir sind drauf und dran,
es zu ergreifen.
Doch dann schweifen
wir gedanklich woanders hin.

Wir können unser Glück kaum fassen,
denn wir lassen
uns immer wieder runterziehen
von negativen Gedanken und Gefühlen,
die uns aufwühlen
und die verhindern,
dass wir Glück empfinden.
Und unser Wohlbefinden
lässt zu wünschen übrig.

Wir können unser Glück kaum fassen,
wir trinken aus halbleeren Tassen
anstatt aus halbvollen.
Wir wollen alles.
Und im Fall des Falles
sehen wir nur das, was fehlt,

und nicht das, was wir haben.
Und wir graben uns selbst ein tiefes Loch,
in dem wir uns doch selbst versenken,
indem wir negativ denken.

Wir können unser Glück kaum fassen,
denn wir lassen uns zu sehr gehen,
und wir stehen uns selbst im Weg.
Und die Hypothek,
die wir aufnehmen, ist immens hoch.
Und das Loch, in das wir fallen, ist abgrundtief,
denn wir denken immer wieder negativ.
Und im Handumdrehen
ernten wir, was wir säen:
Wir fühlen uns schlecht.

Dabei ist das Glück
oft näher, als wir denken.
Warum lassen wir uns nicht beschenken,
von DEM, der uns glücklich machen kann?
Warum nehmen wir sein Geschenk nicht an?
Wir könnten hier auf Erden
unfassbar glücklich werden.

GOTT
zu nahe
ist sein
mein
Glück

Psalm 73:28

Gestrandet

Ich bin gestrandet,
weit unten gelandet.
Dabei zog es mich doch immer nach oben.
Ich wollte mich gern austoben,
kletterte als Kind gern auf Bäume
und träumte dort meine Träume.
Ich wollte so viel erreichen,
alle Fragezeichen
ausradieren.
Ich wollte nie verlieren.
Doch jetzt bin ich gestrandet,
ganz unten gelandet,
und das Leben versandet
im Niemandsland.
Am Rand
meiner Möglichkeiten
und außerstande,
wieder von unten nach oben zu gelangen.
Ich bin gefangen,
genau dort, wo ich nie hinwollte,
wo ich eigentlich nicht sein sollte,
wo man mich nicht erwartet hätte,
das komplette
Gegenteil.

Und ein Abschleppseil
habe ich nicht mitgenommen
auf meine Reise.
Und jetzt denke ich leise
an die Zeit zurück,
als alles begann.
Ich bin irgendwann
mit Enthusiasmus gestartet,
ich habe nicht lange gewartet,
wollte schnell nach oben,
ich bin abgehoben,
war manchmal überheblich,
und ich versuchte vergeblich
auf hohen Wolken zu schweben
und richtig zu leben.
Doch dann bin ich gestrandet,
weit unten gelandet,
und ich denke: Tiefer geht's nicht mehr.
Das Leben dreht sich sehr
um mich und meine Ziele.
Viel zu viele
hab ich mir gesetzt.
Ich bin gehetzt,
wollte Abkürzungen gehen,
wollte nicht verstehen,
dass ich kein Überflieger bin
und auch nicht immer nur Sieger bin.

Und die Abbiegespur
führte mich bergab.
Den geraden Weg ging ich nicht,
denn es gab
andere Wege,
die Glück versprachen,
große Ziele,
die mir ins Auge stachen.
Heute weiß ich:
Nach dem Hochmut kommt der Fall,
mit Überschall-geschwindigkeit,
der Aufprall und der laute Knall.
Aber hoffentlich auch die Erfahrung,
dass man nie tiefer fallen kann
als in die Hände Gottes,
der uns helfen will,
wieder aufzustehen
und dann geradeaus zu gehen
und nicht abzuheben,
sondern richtig zu leben.

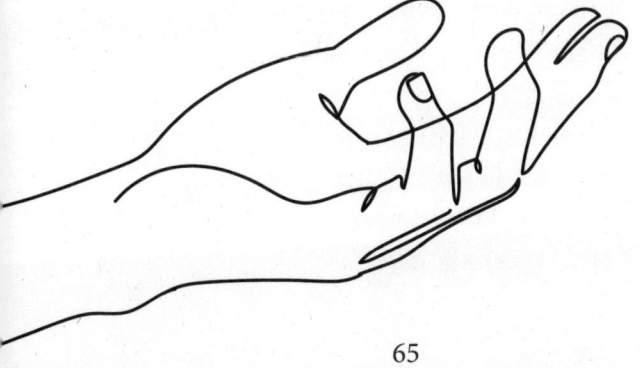

Heilig

Gott, du bist heilig.
Aber weil sich
viele Leute nicht für Heilige interessieren,
orientieren sie sich nicht an dir.
Denn im Jetzt und Hier
sind Heilige irgendwie out.
Oder wer schaut
sich noch dann und wann
Gemälde von irgendwelchen Heiligen an,
mit denen keiner mehr etwas anfangen kann?
Klingt heilig
nicht irgendwie auch langweilig?
Wenn wir an alte Bilder denken
und uns allein darauf beschränken?

Oder könnte es sein,
dass es um etwas anderes geht?
In der Bibel steht,
dass du, Gott, heilig bist.
Und das ist viel weniger trist
als eine verstaubte Ikone mit Heiligenschein.
Das kann so spannend sein,
dass es das Leben revolutioniert,

wenn man wirklich kapiert,
dass du, Gott, heilig bist.

Gott, du bist heilig.
Eigentlich teil' ich
das voll und ganz.
Und trotzdem tanz'
ich immer wieder aus der Reihe.
Ich bin Laie
und leider zu leichtgläubig
anstatt tiefgläubig.
Und ich scheu' mich,
dir gegenüber zu stehen,
zu dir rüber zu sehen
und zu spüren, dass ich die Türen
zu deinem Haus verschlossen habe,
indem ich dich ausgeschlossen habe.

Gott, du bist heilig,
aber ich seil' mich
immer wieder ab von dir.
Zwar hab ich mir
vieles vorgenommen,
aber ich bin nicht dort angekommen,
wo ich eigentlich sein sollte.
Allein wollte
ich es schaffen.

Und jetzt seh' ich,
dass Wunsch und Wirklichkeit
unendlich weit
auseinanderklaffen.

Gott, du bist heilig,
aber weil ich
oft zu voreilig
reagiere,
dich aus den Augen verliere,
zu wenig reflektiere,
wie du darüber denkst,
bin ich schon längst
losgelaufen.
Der Scherbenhaufen
wäre vermeidbar.
Zu weit war
ich vorgelaufen.

Gott, du bist heilig,
aber weil ich
deinem Anspruch
nicht entspreche,
weil ich meine Versprechen breche,
obwohl ich dir
hoch und heilig
versprochen habe,

dass ich mich besser',
öffnen sich immer wieder neue Fässer,
neue Probleme.
Und ich nehme
dich zu wenig wichtig
und tue Dinge
die sind offensichtlich
nicht richtig.

Gott, du bist heilig,
aber weil ich
mich zu wenig auf dich konzentriere,
reagiere
ich nicht wie ein Heiliger.
Und je eiliger
ich bin,
desto weniger besinn'
ich mich darauf,
deinem Vorbild nachzuahmen
und guten Samen
auszusäen,
anstatt mich aufzublähen
wie ein Luftballon, der leicht zerplatzt,
sobald man etwas an ihm kratzt.
Ich reagiere schnell vergrätzt
und fühle mich verletzt.

Gott, du bist heilig.
Und ich bin das Gegenteil,
weil ich
dich zu wenig achte,
dich entmachte,
indem ich dich ignoriere,
weil ich zu wenig kapiere:
Du bist nicht der nette Kumpel von nebenan,
den man in der Rumpelkammer lassen kann
und ab und zu um einen Gefallen bittet.
Nein, du verdienst den allergrößten Respekt.
Du bist perfekt.
Du bist treu. Du bist loyal.
Wunderbar, phänomenal.
Du bist grenzenlos.
Unvorstellbar groß.
Du bist der heilige, allmächtige Gott,
der in meinem Alltagstrott
Raum gewinnen will,
der mit mir etwas beginnen will,
was alles Bisherige übertrifft.
Eine neue Überschrift
über meinem Leben …

Gott, du hast gesagt:
»Ihr sollt heilig sein«,
weil du heilig bist.

Natürlich ist
und wird es nie so sein,
dass andere mich
mit einem Heiligenschein wahrnehmen.
Aber inwieweit lässt sich mein Charakter
positiv verändern oder gar zähmen,
wenn ich mich mehr an dich halte,
sodass mich alte,
schlechte Gewohnheiten
weniger bestimmen?
Ist es möglich,
gegen den Strom zu schwimmen?

Gott, du bist heilig.
Und deshalb verweil' ich
immer mehr in deiner Nähe,
damit ich mehr von dir verstehe
und mit deinen Augen sehe.
Wenn ich meinen Blick auf dich richte,
schreibst du eine neue Geschichte
mit mir,
in der etwas abfärbt von dir
und deiner Heiligkeit,
weil mich weit und breit
niemand anderes so sehr fasziniert
und weil niemand sonst
mein Leben so sehr revolutioniert.

Hoffnung geben

Die größten Menschen sind die,
die anderen Hoffnung geben,
die nicht auf imaginären Wolken schweben,
sondern auf dem Boden der Tatsachen
einen Spagat machen,
die sich vom Hier und Jetzt
nicht ernüchtern lassen
und die sich bis zuletzt
nicht einschüchtern lassen,
die genau wissen,
bis wohin die Leiter geht,
und doch eine Perspektive haben,
die weitergeht.

Die größten Menschen sind die,
die anderen Hoffnung geben,
die klein anfangen,
die den langen Weg nicht scheuen,
die sich freuen
über jeden kleinen Schritt,
den sie geschafft haben,
die nicht für alles auf einmal
Kraft haben.
In kleinen Etappen kommen sie weiter
und sind Vorreiter
für die, die auf der Hut sind,
die ohne Mut sind,
die scheinbar
hoffnungslos verloren sind,
aber die in Wirklichkeit geboren sind,
um zu leben.

Die größten Menschen sind die,
die anderen Hoffnung geben
und sich dabei nicht groß fühlen,
die einen kühlen Kopf bewahren
und bei Gefahren
die Dinge nicht immer
noch schlimmer machen als sie sind,
die nicht völlig blind vertrauen,
aber die doch nach oben schauen,

zu Gott, der einen ganz anderen Blick
auf das Mosaik hat,
das wir oft nur im Einzelnen sehen
und nicht verstehen,
ein echtes Kunstwerk
mit vielen kleinen Edelsteinen.
Auch die spitzen Scherben
verderben das Kunstwerk nicht.
Sie färben das Bild
in ein besonderes Licht.

Die größten Menschen sind die,
die anderen Hoffnung geben,
die selbst so leben,
die Vorbild sind,
nicht wild und blind,
wie ein Möchtegernheld,
der die Welt retten will,
der viel Wirbel um nichts macht
und am Ende im Lichtschacht
stecken bleibt.
Nein, was Hoffende antreibt,
ist eine Hoffnung, die dranbleibt.

Die größten Menschen sind die,
die andere mit ihrer Hoffnung anstecken,
die nicht zurückschrecken

vor heftigem Regen.
Sie entdecken
Gottes Segen
wie einen starken Rückenwind.
Selbst da, wo keine Brücken sind,
finden sie doch noch einen Weg,
vielleicht einen kleinen Steg.
Sie gehen beinahe heiter
immer weiter,
Schritt für Schritt,
und nehmen andere mit.
Sie hoffen bis zuletzt
im Hier und Jetzt.
Ja, was Hoffende antreibt,
ist eine Hoffnung, die dranbleibt!

ICH GLAUBE,
hilf meinem
UNGLAUBEN.

Mark. 9:24

Ich glaube ...

Ich **glaube**.
Ich **glaube** nicht.
Ich **glaube**.
Ich **glaube** nicht.
Ich **glaube** nur, was ich sehe.
Ich **glaube**, ich stehe
mir selbst oft im Wege.
Ich überlege, wäge ab,
grüble viel, übles Spiel.
Meine Zukunftsmusik
ist die Selbstkritik
und mein Tunnelblick
legt den Glauben lahm,
macht ihn unwirksam.

Ich glaube, hilf meinem Unglauben.
Ist das nicht Selbstbetrug,
in einem Atemzug
zu sagen: Ich glaube
und dann wieder nicht,
oder entspricht
das meiner Situation?
Ich drehe mich dauernd im Kreis,
weil ich einfach nicht weiß,
wie man richtig glaubt.

Sind Fragen erlaubt?
Oder sind sie tabu?
Ich kann nicht immerzu
zu allem Ja und Amen sagen.
Zu viele Fragen,
die das Leben stellt.
Meine Lebenswelt
ist zum Teil
alles andere als heil.
Bröckelnde Fassaden,
Nebelschwaden,
Totalschaden,
und der seidene Faden,
an dem mein Glaube hängt,
droht zu reißen.

Ich glaube, hilf meinem Unglauben.
Der erste Teil ist ein Bekenntnis
und der zweite ein Gebet,
denn der Unglaube steht
dem Glauben oft im Wege,
kommt ihm ins Gehege,
wie ein nerviger Kollege,
ein Bedenkenträger,
ein Zweifelerreger,
der den Glauben infiziert,
indem er die nackten Fakten

so sehr fokussiert,
dass sich der Glaube
mehr und mehr verliert.

Ich **glaube ... aber**
mein **Glaube** ist eher ein **Aberglaube**.
Ein **Ja ... Aber ... Glaube.**
Ein **Glaube** mit Einwänden
aufgrund von widrigen Umständen,
Stolpersteinen und Strapazen.
Glaube ist eine Reise
und bezieht ehrlicherweise
Zweifel mit ein.
Glaube ist nichts Sagenhaftes
und auch nichts Heldenhaftes,
aber **Glaube** schafft es,
trotz Ungereimtheiten,
die das Leben begleiten,
trotz Pleiten,
trotz herausfordernder Zeiten,
weiter zu hoffen,
die Zweifel offen
zu thematisieren,
sie Gott anzuvertrauen,
auf IHN zu schauen
und zu beten:
Ich glaube, hilf meinem Unglauben.

Wir brauchen keinen großen Glauben, sondern einen Glauben an einen ➤ GROSSEN GOTT.

Hudson Taylor

Lebenswert

Gott, ein Leben ohne dich
kann ich mir eigentlich
kaum vorstellen.
Ich kenne die vorschnellen
Argumente, dass es dich nicht geben kann
und dass jeder so leben kann
und muss, wie er meint.
Das alles erscheint
mir nicht erstrebenswert.
Was macht mein Leben lebenswert,
wenn nicht du?
Wo finde ich die Grundlage
für das, was ich tu,
wenn nicht bei dir?
Wer hilft mir,
wenn ich mir selbst nicht helfen kann?
Was finge ich ohne dich an?
Du bist meine Motivation,
meine Inspiration,
mein Navigator,
du zeigst mir die Richtung.
Du bist mein Generator
mit Schutzvorrichtung.
Du bist mitten im Sturm

ein starker Turm,
mein Zufluchtsort.
Du bist immer dort,
wo ich dich brauch'.
Ein leiser Windhauch.
Du bist die Energie,
bringst mich irgendwie
immer wieder in Bewegung,
und für Vollverpflegung
sorgst du jeden Tag.
Du bist der Hammerschlag,
du bist der Meilenstein,
der Sonnenschein
nach der langen Nacht,
die Farbenpracht
im Alltagsgrau,
der Morgentau.
Die Oase,
die Sprechblase,
wenn mir die Worte fehlen,
kostbarer als Juwelen,
meine Stärke und mein Heil.
Nicht nur ein Teil
vom großen Ganzen.
Du bist mein Ein und Alles,
ein Glücksfall. Es
ist so gut dich zu kennen

und mit dir das Rennen
zu machen.
Mit so vielen Sachen
willst du mich erfreuen.
An jedem neuen
Tag umgibst du mich mit Liebe.
Du hältst das Getriebe
in Gang.
Dein Atem ist lang,
selbst dann,
wenn bei mir die Luft raus ist,
wenn der Ofen aus ist,
und das ganze Haus ist
dunkel und kalt.
Du machst den Aufenthalt
bald wieder möglich,
machst das Leben erträglich.
Täglich,
stündlich, minütig
bist du, Gott, gütig,
langmütig,
freundlich und voller Geduld.
Mitten im Tumult
des Lebens
bist du der ruhende Pol.
Du weißt sehr wohl,
was richtig ist,

was wichtig ist.
Du navigierst mich.
Du inspirierst mich.
Du verlierst mich
nicht aus dem Blick.
Jeden Augenblick
bist du bei mir.
Gott. Ich danke dir.

DER
HERR
ist meine
STÄRKE,
mein
Lobgesang
und mein
HEIL!

2. Mose 15 : 2

Manche meinen ...

Manche meinen, man müsste alles mal mitmachen.
Manche meinen, man müsste alles mal ausprobieren.
Manche meinen, man müsste überall mal mitmischen.
Doch inzwischen –
mal ganz ehrlich,
ich wehr' mich
gegen diesen Zwang.
Ich verspüre überhaupt keinen Drang,
bestimmte Dinge mitgemacht haben zu müssen.
Ich muss keine glitschigen Frösche küssen.
Ich muss nicht mit Delphinen schwimmen.
Ich muss keinen Dreitausender erklimmen.
Ich muss keinen aktiven Vulkan besteigen,
um dann auf Insta davon ein Foto zu zeigen.
Ich muss nicht von hohen Türmen in die Tiefe springen.
Und im Sport muss ich keinen Rekord erringen.
Ich muss keine Heldentaten vollbringen,
um Jemand zu sein
und damit ich mitreden kann.
Nein. Darauf kommt es doch nicht an.
Ich brauche ihn nicht,
den besonderen Kick,
diesen Augenblick
des Sprungs in den Abgrund.

Und … ich muss mir selbst nichts beweisen
und durch die ganze Welt reisen,
nur um sagen zu können:
Ich bin hier und dort gewesen.
Ich kann auch Filme sehen
oder Bücher lesen.
Und meine Bucketlist
ist auch so schon voll.
Es gab einige Highlights
in meinem Leben.
Nun ja, ich muss zugeben,
dass ich nicht die Allermutigste bin.
Aber immerhin
bin ich als Kind
vom Dreimeterbrett gesprungen.
Und als Teenie habe ich
vor mehreren Tausend Menschen gesungen.
Das ist doch auch schon was.
Und ich finde das
reicht.
Vielleicht.
Oder etwa nicht?
Hauptsache,
ich mache,
was mir entspricht.

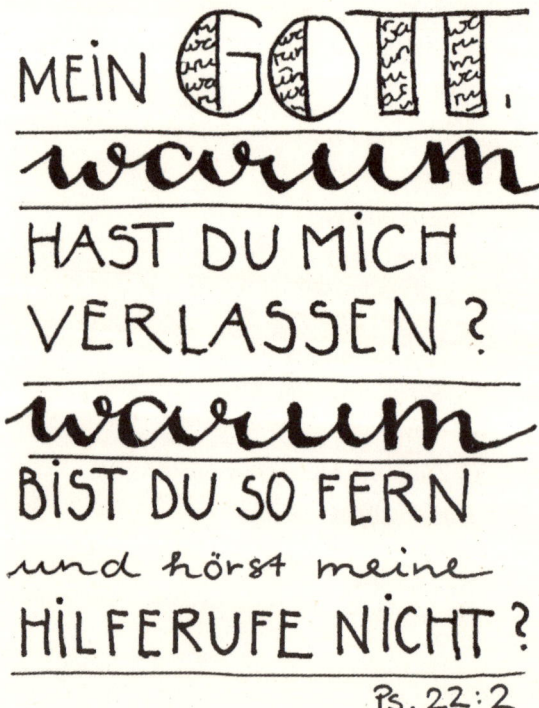

MEIN GOTT,
warum
HAST DU MICH
VERLASSEN?
warum
BIST DU SO FERN
und hörst meine
HILFERUFE NICHT?

Ps. 22:2

Mein Gott, warum?

Mein Gott, warum?
Wir schauen uns um.
Unermessliches Leid,
große Hilflosigkeit.
Das Elend schreit
bis zum Himmel.

Mein Gott, warum?
Warum bist du stumm?
Warum tust du nichts?
Angesichts all der Not
in unserer Welt,
stellen wir viele Fragen,
wir tragen sie mit uns herum.

Mein Gott, warum?
Wir sind untröstlich.
Das Drama löst sich
nicht einfach auf.
Die Tragödie nimmt
weiter ihren Lauf.

Mein Gott, warum?
Wir wehren uns.

Wir beschweren uns.
Und wir kehren uns
enttäuscht von dir ab.
Wir erklären dich für tot.
Denn die Not ist so groß
und das Los viel zu schwer.

Vielleicht klagen wir
auf relativ hohem Niveau,
und andere sagen hier:
Mensch, sei doch froh,
dass es dir nicht so schlecht
wie vielen anderen geht.
Das klingt nicht gerade sehr empathisch.
So etwas zu sagen, ist problematisch,
denn die Summe des Leids
ist mathematisch
nicht messbar,
aber im Stress klar
gefühlt um ein Vielfaches schwerer.
Doch wir brauchen keine »Welt-Erklärer«.
Keine Lehrer,
die uns mit Ratschlägen schlagen.

Denn Erklärungsversuche
machen das alles nicht besser,
sie schneiden wie ein scharfes Messer

in die offenen Wunden
und werden nicht als hilfreich empfunden.

Mein Gott, warum?
An einem Kreuz aus Holz
hing ein unschuldiger Mann.
Er hatte nichts Schlimmes getan.
Doch man klagte ihn an.
Man erklärte ihn für schuldig,
und geduldig hat er das alles ertragen.
Und irgendwann hörte man ihn fragen:
»Mein Gott, warum?
Hast du mich verlassen?«

Nicht zu fassen!
Diese Frage hat selbst Jesus gestellt.
Warum, um alles in der Welt?

Mein Gott, warum?
Wir sind in bester Gesellschaft.
Generell schafft
es kein Mensch,
uns im Leid zu verstehen,
abgesehen von dem,
der an unserer statt,
gelitten hat.

Mein Gott, warum?
Wir schweigen nicht stumm.
Auch wenn das Leid
bis zum Himmel schreit.
Wir bewegen uns nicht im Vakuum.
Wir klagen nicht im Niemandsland.
Wir fragen die Fragen an Gott gewandt.
Denn wir glauben:
Er hält uns in seiner Hand.

Inflation der Worte

Viel zu viele Worte
von der Sorte:
überflüssig.
Wir sind ihrer überdrüssig,
fühlen uns genervt.
Und es verschärft
sich der Eindruck:
Quantität statt Qualität,
nichtssagend und aufgebläht.
Warum müssen wir das
über uns ergehen lassen?
Können wir das so stehen lassen?
Wir werden ständig bombardiert,
wir werden konfrontiert
mit irgendwelchen Dingen,
die uns zum Zuhören zwingen.
Sie dringen drängend,
zusammenhängend
und komplex auf uns ein.
Wir sind perplex.
Kann das sein?
Es ist einfach viel zu viel
und das Überlaufventil
ist zu labil.

Irgendwie wollen wir uns wehren
gegen die gewaltige
Wortschwall-Überschwemmung
ohne Schalldämmung,
doch wir fühlen uns wehrlos.
Woher bloß
kommen die gewaltigen Wortmassen,
gegen die sich unsere Ohren
schwer verschließen lassen?
Diese Unmenge an nichtssagenden Sätzen.
Das Schwätzen, das hohle Gerede.
Jede Aussage – jede! –
will gehört werden.
Doch wir wollen nicht
dauernd betört werden.
Nicht ständig zugetextet sein.
Irgendwann geht da nichts mehr rein
in unsere Ohren.
Unsere Sensoren
machen dicht.
Wir hören nicht
mehr richtig hin.
Wir zieh'n
uns Stück für Stück
zurück.

Und hinter selbst errichteten Eisentoren
geht unsere Hellhörigkeit
mehr und mehr verloren,
für Worte, die etwas bewegen könnten.
Ja, es gibt Worte,
die könnten vieles bewegen,
die sind ein Segen
für unser Leben.
Sie geben
uns Orientierung und Halt,
mitten im Wald,
den man manchmal
vor lauter Bäumen
nicht mehr sehen kann.

Selber machen

Manchmal sind wir wie die Kinder,
die sagen: SELBER MACHEN
bei allen möglichen Sachen
und jede wohlgemeinte Hilfe ablehnen,
weil sie sich danach sehnen
autonom zu sein
und sich selbst beweisen wollen:
Sie sind nicht zu klein,
um Verantwortung zu tragen.

Auch wenn wir das nicht laut sagen,
lautet auch unsere Devise: Autonomie!
Und mit viel Energie
schreiben wir selbst unsere Biografie.
Wir nehmen das Leben in unsere Hände
und hoffen, wir haben es am Ende
gut im Griff.
Wir lenken unser kleines Schiff
am Felsenriff
vorbei. Und sind erleichtert.
Wieder einmal gut gegangen.
Doch wie gelangen
wir zum sicheren Hafen?
Als Autobiografen

regeln wir in der Regel alles allein,
wir setzen unser Segel,
wollen glücklich sein.
Doch der Sonnenschein
hält nicht dauernd an.
Dann und wann,
wenn heftige Wirbelstürme
das Meer aufbrausen lassen,
wenn gewaltige Wassermassen
in Form von hohen Wellen
unser kleines Schiff beinah zerschellen,
dann wollen wir unsere Lebensbiografie
nicht allein weiterschreiben.
Wenn die Windschutzscheiben
dem Sturm nicht standhalten
und wir die kalten Wassermassen
hautnah zu spüren bekommen
und wir angstbeklommen und händeringend
dem unheilbringenden Unwetter
entgehen wollen.
Wenn das Gefühl der Sicherheit
auf dem Meer verschollen ist.
Dann wissen wir nicht mehr weiter.
Wäre es dann nicht gescheiter
sich helfen zu lassen,
nach der Hand zu fassen,
die uns helfen will?

Not lehrt beten.
Erst in konkreten Situationen
haben wir Ambitionen
uns helfen zu lassen,
nach der Hand zu fassen,
die uns retten will.
Dann werden wir mitten im Sturm ganz still.
Unser Selbst-Syndrom wird diagnostiziert
und der Wunsch, autonom zu sein, kristallisiert
sich als nicht realisierbar heraus.
Wir haben unser Leben nicht selbst im Griff,
wir entgehen nicht jedem Felsenriff.
Und unser kleines Schiff
hält nicht allen Wellen stand.
Wir brauchen eine helfende Hand.

Standhaft

STANDHAFT
in stürmischen Zeiten,
bei Schwierigkeiten.
Ist die Statik stabil?
Wir steuern aufs Ziel zu,
stolpern über steinige Straßen,
steigen die Stufen am Steilhang hoch,
und doch, wir stürzen nicht ab.
Wir können sagen:
Wir werden getragen
von starken Händen,
die sich uns zuwenden.

STANDHAFT
trotz widriger Umstände,
trotz Stress und Strapazen,
trotz Untergangsstimmung.
Wir lassen uns nicht unterkriegen,
und auch wenn wir mitunter
am Boden zerstört sind.
Wir bleiben nicht am Boden liegen.
Selbst wenn wir den festen Grund
unter den Füßen verlieren

und es allen Grund gäbe,
zu kapitulieren.
Wir fokussieren
uns auf den, der uns stark macht.

STANDHAFT

Staubige Landschaft,
steinige Wege,
schmale Stege,
Stolpersteine,
müde Beine.
Ein Marathonlauf,
bergauf und bergab.
Wir fühlen uns schlapp.
Aber Gott hilft uns auf,
gibt uns Energie,
wenn die Batterie
beinah leer ist
und uns alles zu schwer ist.

STANDHAFT

Unsere Standhaftigkeit
steht und fällt
mit dem, der uns trägt und hält,
der uns aufrichtet, stützt,
uns beschützt,
uns bestärkt

und ermutigt.
Er ruht nicht,
gibt Mut, Licht
und Furchtlosigkeit
und Entschlossenheit
für jeden Moment.
Er macht uns resilient.
Challenges überstehen,
sie als Challenge sehen,
die uns weiterbringt,
wenn es uns gelingt,
ganz auf Gott zu schauen
und ihm zu vertrauen.

STANDHAFT

Wir sind imstande ...
mit Unterstützung von oben,
mit Gott eng verwoben.
Selbst wenn Stürme toben,
haben wir Gottes Beistand,
ständig, konstant.
Seine Hand hält uns fest,
Gott verlässt uns nicht.
Er gibt Zuversicht und Standkraft,
neue Spannkraft bei Schlagseite,
eine »Bekanntschaft« mit Tragweite.
»Seelenverwandtschaft«.

An seiner Seite,
gemeinsam mit ihm
in einem Team,
sind wir STANDHAFT.

SUCHE
den
Frieden
und JAGE
ihm
NACH.

Psalm 34:15

Suche den Frieden und jage ihm nach

SUCHEN

Vielleicht **suchen** wir
dringend,
händeringend
unseren Schlüssel.
Wir **suchen** ein passendes Geschenk.
Wir **suchen** jemand Gleichgesinntes.
Wir **suchen** das schnelle Geld.
Wir **suchen** das große Glück.
Wir **suchen** unseren persönlichen Vorteil.
Vielleicht **suchen** wir auch den Frieden
oder zumindest wünschen wir uns Frieden.
Aber gleichzeitig
suchen wir immer wieder den Streit,
sind nicht bereit,
uns gegenseitig
zu vergeben.
Dabei wäre das Leben
viel lebenswerter,
wenn wir alle den Frieden **suchen** würden,

Hürden
überwinden würden,
Lösungen und Wege finden würden,
das eisige Schweigen durchbrechen würden,
uns nicht aneinander rächen würden,
sondern miteinander sprechen würden.

JAGEN

Vielleicht **jagen** wir von einem Termin zum anderen.
Wir **jagen** immer mehr
der Zeit hinterher.
Es gibt viele Themen und Fragen,
die uns Angst **einjagen.**
Wir tragen sie mit uns,
wollen sie von uns schieben.
Wir **jagen** durchs Leben
und sind zugleich getrieben.
Wir sehnen uns nach innerem Frieden,
nach Abgeschiedenheit,
doch weit und breit
nur Unruhe.
Und all das Getue
bringt uns nicht weiter, denn
Ruhe-los ist unser Herz, bis es Ruhe findet in Gott. *
Friede beginnt tief in uns drinnen,
geht von innen nach außen,

selbst wenn draußen
starke Stürme toben,
von oben
wird uns innerer Friede ins Herz gegeben,
der es möglich macht, zufrieden zu sein
und Frieden zu leben,
nach Frieden zu streben
und zu sagen:
Lass uns den Frieden **suchen** und ihm **nach-jagen.**

* Augustinus

Toleranz?

Was ist mit unserer Toleranz?
Gehen wir nicht viel zu schnell auf Distanz?
Wenn andere anders denken als wir,
dann scheint es schier
unmöglich, ihnen normal zu begegnen
und sie zu segnen
für das, was sie meinen.
Andersdenkende erscheinen uns suspekt.
Sie werden in Schubladen gesteckt.
Und Respekt
ist nicht immer selbstverständlich.
Es wäre doch schändlich,
die unendlich
wichtigen Standpunkte zu übersehen
und falsche Kompromisse einzugehen.
Und deshalb bestehen wir darauf,
dass wir im Recht sind,
egal ob unsere Argumente
gut oder schlecht sind.
Wir verteidigen unsere Position,
wir beleidigen, und schon
bahnt sich ein Krieg an.
Und der Sieg kann lange auf sich warten.
Denn beide Seiten haben gute Karten

und wollen gewinnen und überzeugen
und sich auf keinen Fall beugen
unter die Meinung der anderen.

Auch wenn sich unsere Meinung
durchaus begründen lässt,
wir beißen uns viel zu sehr fest
an irgendwelchen Dingen,
die unnötigen Stress mit sich bringen.
Nur um recht zu haben,
zahlen wir einen hohen Preis.
Wir bewegen uns auf dünnem Eis.
Wir wollen nicht, dass es einbricht,
aber nehmen es in Kauf.
Der Siegeslauf
darf nicht behindert werden.
Bedenken und Beschwerden
werden einfach überhört.
Und wir sind empört,
wenn andere genauso energisch
ihre Meinung vertreten.
Und anstatt zuzuhören und zu beten,
gehen wir viel zu schnell auf Konfrontation.
Wir trennen nicht zwischen Meinung
und Person.
Und schon
bahnt sich ein Krieg an.

Und der Sieg kann
lange auf sich warten.
Wir entarten
immer mehr.
Wir stellen uns quer.
Die Fronten sind festgelegt.
Wir kämpfen unentwegt,
schlagen um uns
mit vehementen Argumenten
und geben uns keinesfalls geschlagen.
Wir sagen, was wir denken.
Und dass wir andere kränken und verletzen,
gegen sie hetzen
mit größter Vehemenz,
das ist die Konsequenz.

Und irgendwie
geht es längst nicht mehr nur um Theologie,
wenn wir streiten,
sondern um persönliche Empfindlichkeiten.

Was ist mit unserer Toleranz?
Was ist mit unserem Verständnis?
Nehmen wir zur Kenntnis,
was den anderen wichtig ist,
selbst wenn für uns nicht gleich ersichtlich ist,
wieso sie so denken?

Warum beschränken
wir uns nur auf eine Sichtweise?
Das dünne Eis bricht leise.
Und wir bemerken es hoffentlich nicht
erst viel zu spät.
Erst dann, wenn jemand untergeht.

Wir sollten das brüchige Eis schnell verlassen
und uns auf befestigten Straßen bewegen.
Wir sollten überlegen,
was wir sagen,
und uns viel öfter fragen,
was Gott sich wohl dabei gedacht hat,
dass er uns so unterschiedlich gemacht hat.

Alles, was ihr tut, soll in Liebe geschehen.

1. Korinther 16:14

Liebe gewinnt

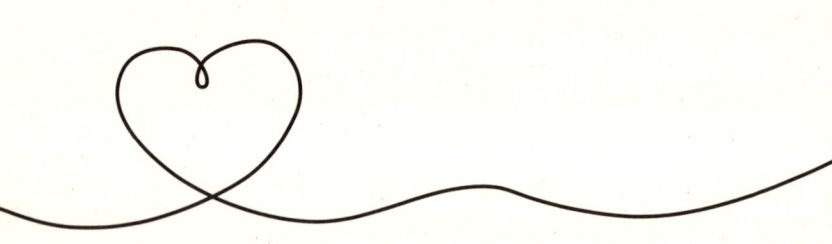

Alles, was ihr tut, soll in Liebe geschehen!
Wie soll ich das verstehen?
Sind das nicht zwei unterschiedliche Paar Schuhe,
das, was ich tue,
und das, was ich dabei denke?
Dass ich jedes Mal mein Herz verschenke,
das muss doch nicht sein.
Die gute Tat allein
tut es doch auch.
Und ich frage mich, ist Lieben eventuell
in Wirklichkeit sogar unprofessionell?
Brauche ich nicht generell eine gesunde Distanz
zu dem, was ich tue, oder gebe ich mich ganz
und gar hin, mit dem, was ich habe und bin?
Macht das etwa Sinn?

Alles, was ihr tut, soll in Liebe geschehen!
Nicht, um von allen gesehen zu werden.
Nicht, um anderen zu imponieren.
Nicht um eigene Defizite zu kompensieren.
Nicht um mir selbst etwas zu beweisen.
Nicht, damit andere mich bewundern und preisen.
Nicht, um den agilen Helden zu spielen.
Nicht für ein paar Likes in Social Media
oder für einen Eintrag in Wikipedia.
Nicht, um in aller Munde zu sein.
Nein, im Grunde allein
aus Liebe.

Denn: **Liebe gewinnt.**
Liebe beginnt immer wieder neu.
Sie ist treu und unerschütterlich,
väterlich und mütterlich,
gutmütig, gütig und wohlgesinnt.
Liebe gewinnt.

Liebe gewinnt.
Liebe spinnt viele Fäden,
zeigt Verständnis für jeden.
Sie stellt sich nicht quer,
sie ist freundlich und fair,
stellt Verbindungen her.
Sie überwindet Barrieren,

muss sich nicht groß erklären,
egal, was sie beginnt.
Liebe gewinnt.

Liebe gewinnt.
Selbst im Labyrinth
von Missgunst und Hass
findet sie irgendwas,
was liebenswert ist.
Selbst im größten Mist
vergisst sie nicht
ihren Daseinszweck,
und in ihrem Gepäck
ist kein Platz für Streit
und für Bitterkeit.
Sie spielt nicht jedes Spiel mit,
durchbricht notfalls die Regel.
Sie setzt ihre Segel
manchmal gegen den Wind.
Liebe gewinnt.

Liebe gewinnt.
Kein kurzer Sprint,
eher ein Langstreckenlauf.
Liebe spielt sich nicht auf
wie ein Siegertyp,
der gut dastehen will,

sie agiert eher still,
unauffällig und leise
und zieht doch weite Kreise.
Sie bahnt sich eine Schneise,
zeigt im blickdichten Dickicht
Verständnis und Rücksicht,
ein Stück Licht,
bevor alle Hoffnung zerrinnt.
Liebe gewinnt.

Liebe gewinnt.
Sie bleibt anderen nichts schuldig.
Sie ist freundlich, geduldig,
aufrichtig, ehrlich,
ist für andere da
und macht sich doch entbehrlich.
Sie will niemanden zwingen.
Sie drängt sich nicht auf.
Sie ist nicht überheblich,
und nichts ist vergeblich
von dem, was sie tut.
Sie macht es gut,
denn sie hat Gutes im Sinn.
Sie sieht richtig hin.
Sie stellt sich nicht blind.
Liebe gewinnt.

Liebe gewinnt.
Sie macht sich nicht wichtig.
Was sie tut, tut sie richtig,
nicht halbherzig,
sondern zu hundert Prozent,
weil sie keine halben Sachen kennt,
weil sie brennt.
Ihr Atem ist lang.
Ohne Geltungsdrang,
ohne Zwang
setzt sie Großes in Gang.

Liebe gewinnt.
Definitiv!
Kein anderes Motiv!
Liebe liebt intensiv.
Sie denkt positiv.
Ein Liebesbrief
voller Leidenschaft.
Eine himmlische Kraft,
die Gott mir gibt.
Ich kann lieben,
weil er mich liebt.
Liebe macht diese Welt
zu einem besseren Ort,
mit Wort und mit Tat
und in der Tat

mit viel Herzblut.
Sie ist das Höchste,
wonach ich streben kann.
Sie ist das Größte,
was ich geben kann.
Und das kommt bei meinem Gegenüber an.
Ob ich geliebt habe oder nicht,
fällt ins Gewicht.
Die Liebe bleibt
für immer bestehen.
Das, was ich tue, soll in Liebe geschehen.

Jesus sagt:

WER ZU

mir

KOMMT,

DEN WERDE ICH NICHT (!)

ABWEISEN.

Joh. 6 : 37

Offene Türen

Weit offene Türen,
wir dürfen spüren,
wir sind erwünscht,
wir werden wirklich erwartet.
Bei ihm sind wir richtig,
für ihn sind wir wichtig,
noch wichtiger als VIP-Gäste,
hochangesehen,
die irgendwann doch gehen.
Wir dürfen bleiben,
solange wir wollen,
und aus den vollen Töpfen
seiner Großzügigkeit schöpfen.
Wir dürfen für immer dazugehören,
und wir stören
irgendwie
nie.

Weit offene Ohren,
nichts geht verloren
von dem, was wir sagen,
die Zweifel, die Fragen,
die Klagen,

die Sorgen um Morgen.
Immer wieder
dürfen wir kommen,
werden ernst genommen,
einfach so wie wir sind.
Sein Angebot steht,
die Realität
seiner Liebe gilt konkret
allen Menschen
auf unserem Planeten.
Wir dürfen eintreten
als seine geliebten Kinder.
Und egal wohin der
Weg uns geführt hat,
egal wieviel Schmutz und Schlamm
an unseren Füßen hängt,
er schenkt
uns seine volle Aufmerksamkeit,
seine ganze Zeit,
Geborgenheit.
Er ist bereit,
alles für uns zu geben,
sogar sein Leben.

Weit offene Arme,
warme Worte,
Wohlwollen, Weitherzigkeit.

Wir werden nicht wieder weggeschickt
und auch nicht einfach weggeklickt,
nein, er ist online, nicht offline.
Den ganzen Tag lang
und sogar nachts
ist er stets auf Empfang,
und er empfängt uns,
zwängt uns nicht ein,
bedrängt uns nicht, nein.
Er ist uns zugewandt,
kommt auf uns zugerannt,
so wie der Vater
dem verlorenen Sohn entgegenkam,
ihn in die Arme nahm,
ohne Wenn und Aber,
ohne großes Gelaber.
Ohne Moralpredigt,
die hatte sich erledigt.
Bedingungslos,
grenzenlos,
unvorstellbar groß
ist seine Liebe.
Sie schließt niemanden aus,
ein offenes Haus für alle.
Nicht exklusiv, sondern inklusiv,
ein Liebesbrief,
der allen Menschen gilt.

Keiner wird abgewimmelt.
Keiner wird zurückgewiesen.
Selbst in miesen Krisen
ist er für uns da,
ganz nah.
Der Papa lässt uns nicht einfach abblitzen.
Wir müssen keine Strafe absitzen,
und selbst wenn die Dinge sich zuspitzen,
zeigt er uns nicht die kalte Schulter.
Und mitten im Tumult
erfahren wir seine Geduld.
Er vergibt unsere Schuld.
Er kennt kein Tabu.
Er neigt sich uns zu,
ist mit uns per Du.
Er nimmt uns auf in seine himmlische Crew
und gibt uns nach seinem Ratschluss
einen neuen Status:
FAMILIENMITGLIED der göttlichen Familie
und einen **WOHNBERECHTIGUNGSSCHEIN**
für die **HIMMLISCHE IMMOBILIE**,
dazu **EWIGES BLEIBERECHT**.
Das klingt echt
nicht schlecht!

Jesus sagt:

Wer zu mir kommt, den werde ich nicht abweisen.

Wartend steht er an der Pforte,

einladende Worte.

Er sagt: Kommt herein!

Er lädt uns ein,

bei ihm zu sein.

Das ist einfach nur

WILLKOMMENSKULTUR

pur.

Nachwort

Liebe Leser und Leserinnen,
manchmal gibt es TAGE, AN DENEN KÖNNEN WIR UNSER GLÜCK KAUM FASSEN.

Vielleicht ist heute so ein Tag. Denn ich habe die Gelegenheit, ein paar persönliche Gedanken im Zusammenhang mit meinem ersten Buch zu schreiben. Ein Buch mit Poetry-Texten, mit Glaubenspoesie zu unterschiedlichen Themen, die mir am Herzen liegen. Viele der Texte beschreiben meine eigenen Gedanken und Erfahrungen und immer wieder sagen Leute, dass sie sich selbst ganz stark mit den Worten identifizieren können.
Oft wurde ich nach meinen Auftritten von Zuhörern angesprochen, die von dem einen oder anderen Text innerlich berührt waren und die gerne ein Buch mit den Texten gehabt hätten. Nun kann ich in Zukunft tatsächlich sagen, dass es einen großen Teil meiner Poetry-Texte in einem Buch gibt. Das macht mich UNFASSBAR GLÜCKLICH.

Vor sechs Jahren sind mein Mann und ich in einen Bahnhof gezogen und seitdem reisen wir häufig mit dem Zug. Wenn man mit der Bahn unterwegs ist, läuft nicht immer alles nach Plan. Das Reisen ist voller Überraschungen.

Wenn man mit offenen Augen und Herzen durch das Leben reist, gibt es UNFASSBAR viel Spannendes zu entdecken. Ich freue mich über die Möglichkeit, meine »Beobachtungen über das Leben« in meinen Poetry-Texten auf den Punkt zu bringen und mit anderen zu teilen. Und wenn sich meine Zuhörer bzw. Leser mit ihrem eigenen Leben darin wiederfinden können und ermutigt werden, dann bin ich UNFASSBAR GLÜCKLICH.

Manchmal gibt es TAGE, AN DENEN KÖNNEN WIR UNSER GLÜCK KAUM FASSEN.
Tage, an denen wir uns selbst im Weg stehen, indem wir negativ denken und nur das sehen, was nicht gut läuft. Vielleicht ärgern wir uns so sehr über den verspäteten Zug, dass wir den wunderschönen Abendhimmel nicht wahrnehmen. Es gibt so viele Dinge, die uns ablenken. Wie gut wäre es, wenn wir trotz Stress die kleinen GLÜCKSMOMENTE nicht verpassen würden. Vielleicht können uns die Texte in dem Buch anregen und uns neu die Augen öffnen für die positiven »Überraschungen« in unserem oft turbulenten Alltag.

Manchmal gibt es TAGE, AN DENEN KÖNNEN WIR UNSER GLÜCK KAUM FASSEN.
Mir ist bewusst, dass wir das nicht immer aus vollem Herzen sagen können. Und die Tatsache, dass es viel UNGLÜCK in dieser Welt gibt, möchte ich keinesfalls übersehen. Aus

eigener Erfahrung weiß ich, dass ich in herausfordernden Lebenssituationen nicht allein bin.

GOTT NAHE ZU SEIN, IST MEIN GLÜCK, heißt es im Psalm 73,28. Wie gut zu wissen, dass ich in Gottes Nähe glücklich und geborgen bin.

Und deshalb ist es mir sehr wichtig, mit meinen Liedern und Texten Hoffnung und Licht an »dunkle Orte« zu bringen. So bin ich seit vielen Jahren in Gefängnissen unterwegs. Ich erinnere mich noch an einen Mann, der sich nach einer Veranstaltung bedankte und sagte: »Jetzt habe ich mal eine Stunde lang vergessen, dass ich im Gefängnis bin.« Das freut mich, wenn sich meine Zuhörer gedanklich mit auf die Reise nehmen lassen und für einen Moment alles um sich herum ausblenden. Und ich wünsche mir sehr, dass dieser Mann und viele andere erleben: Sie sind in ihren Gefängniszellen nicht allein, weil Gott immer ansprechbar ist.

GOTT NAHE ZU SEIN, IST MEIN GLÜCK. Das gilt für meine Zuhörer hinter den Gefängnismauern und GLÜCK-LICHERWEISE für uns alle.

Manchmal gibt es TAGE, AN DENEN KÖNNEN WIR UNSER GLÜCK KAUM FASSEN.

Liebe Leser und Leserinnen, vielleicht haben Sie dieses Buch von lieben Freunden bekommen oder vielleicht wollten Sie sich selbst etwas Gutes tun und sich mitnehmen lassen auf eine spannende »Worte-Reise«. Mich würde es UNFASS-BAR GLÜCKLICH machen, wenn die Texte Sie abholen, mitnehmen und ermutigen.

Danksagung

DANKE an
meinen Mann Achim. Als Erstleser meiner Texte hat er mir
viele konstruktive Feedbacks gegeben. Immer wieder fand
er Worte, die »überflüssig« waren, und gleichzeitig hat er
inhaltlich wertvolle Impulse gegeben.

DANKE an
Robert, Jan und Myriam. Sie waren in den letzten Jahren oft
mit mir unterwegs und haben mich nicht nur musikalisch
bei den Songs-und-Poetry-Veranstaltungen begleitet. Uns
verbinden viele gemeinsame Erlebnisse.

DANKE an
all diejenigen, die mir persönliche Rückmeldungen zu den
Texten gegeben und mich dazu ermutigt haben, die Idee
mit einem Poetry-Buch weiter zu verfolgen.

DANKE an
Francke-Buch, insbesondere an die Programmleiterin Ka-
thrin Arlt, die das Buchprojekt wunderbar begleitet und
viele gute und kreative Ideen zur praktischen Umsetzung
eingebracht hat, und an die Grafikerin Marion Schramm
für das wunderschöne Cover, die Hinweise zum Handlettering und die Auswahl der Innenillustrationen.